PÉTITION

A MM. LES DÉPUTÉ

DES DÉPARTEMENS.

PÉTITION

A MM. LES DÉPUTÉS

DES DÉPARTEMENS,

RELATIVE A L'ABOLITION DE L'ESCLAVAGE DANS LES COLONIES FRANÇAISES;

Par CIVIQUE DEGASTINE,

Auteur de LA LIBERTÉ DES PEUPLES; du TABLEAU SYNOPTIQUE DES RÉVOLUTIONS DES EMPIRES; de l'HISTOIRE DE LA RÉPUBLIQUE D'HAÏTI, etc.

A PARIS,

CHEZ TOUS LES MARCHANDS DE NOUVEAUTÉS,

DÉCEMBRE 1820.

De l'Imp. de Vigor RENAUDIERE, Marché-Neuf,
N°. 48.

PÉTITION

A MESSIEURS LES DÉPUTÉS

DES DÉPARTEMENS.

MESSIEURS,

C'est comme ami de l'humanité, c'est en ma qualité de citoyen français, que je réclame aujourd'hui toute votre attention. Quoique nos lois ne reconnaissent plus la traite des nègres, l'esclavage existe dans nos colonies. Cet état de choses que repousse le caractère français, est un outrage à la nature. Sa prolongation pourrait faire douter de la générosité des intentions du Gouvernement.

Le principe de la traite est aboli à la vérité; mais la traite existe de fait, parce que la mesure législative qui la proscrivait était incomplette; elle n'a eu d'autre résultat, sinon de diminuer le nombre des malheureux esclaves dans nos colonies, du moins d'en faire augmenter la valeur : il est de l'honneur, il est de la dignité de la nation française d'être libre autrement que ne le fut le peuple romain, qui avait des esclaves.

Quels reproches fondés pouvons-nous faire aux barbaresques, sur ce qu'ils retiennent des européens captifs en Afrique, tandis que, dans le même temps, nous retenons des africains dans l'esclavage ? Les barbaresques ne seraient-ils pas en droit de nous répondre : *Ô vous ! Gouvernemens de l'Europe, vous êtes en tout semblables au fourbe et à l'hypocrite quand il s'écrie en chaire :* FAITES CE QUE JE VOUS DIS, MAIS NE REGARDEZ PAS CE QUE JE FAIS.

L'abolition de l'esclavage dans nos colonies exige sans doute des précautions préalables, tant dans l'intérêt du commerce que dans celui des colons eux-mêmes. Mais la justice, l'humanité et l'honneur national, exigent impérieusement que cette mesure philantropique ait lieu le plus promptement possible : une loi qui renfermerait les dispositions suivantes, remplirait ce but si désirable ; elle obvierait à toutes les difficultés.

Article premier.

Le 17 novembre 1823, jour anniversaire de la naissance de S. M. Louis XVIII, l'esclavage sera aboli pour toujours dans les colonies françaises.

Art. II.

Il sera alloué, à titre de proriété, et comme dédommagement, à chaque nègre devenu libre en vertu de la présente loi , une certaine étendue de terrain, situé dans la colonie, et qui sera reconnue suffisante pour son existence et son entretien.

Art. III.

Cependant, ceux des nègres qui ne voudraient pas fixer leur résidence dans la colonie où ils étaient esclaves, seront transportés, au frais du Gouvernement français, soit à leur pays natal, ou dans telle île, ou autre partie de l'Amérique de leur choix; dans ce cas, ils perdront leurs droits aux avantages spécifiés en l'art. II

Art. IV.

Celui qui présentera les moyens les plus avantageux à la culture, dans nos colonies, en remplacement de l'esclavage, sera nommé grand-officier de la légion d'honneur.

Art. V.

Sur soixante candidats qui seront choisis et élus par les électeurs formant les colléges d'arrrondissement, le Roi nommera vingt commissaires, et vingt commissaires suppléans. Ils se rendront de suite dans les colonies françaises, pour y veiller à l'exécution de la présente loi.

Art. VI.

Les commisaires français et leurs suppléans seront entièrement indépendans des gouverneurs des colonies; ils correspondront directement avec les ministres de la marine et des relations extérieures. Pendant la durée de leurs fonctions, ils ne pourront être arrêtés, détenus, ni jugés, hors le cas de flagrant délit.

Art. VII.

Tous colons ou propriétaires quelconques d'esclaves, seront tenus de mettre sur-le-champ en liberté ceux de ses noirs qui lui remettraient, ou pour la rançon duquel on lui payerait la somme fixée dans l'article suivant, pour le prix de sa rançon.

Art. VIII.

Les propriétaires de nègres ne pourront exiger de leurs esclaves, ou de quiconque voudrait acheter leur liberté, que les sommes ci-après désignées, et proportionnellement à leur âge, *savoir* :

Depuis six jusqu'à neuf ans, la somme de six à neuf cents francs ;

Depuis neuf jusqu'à douze ans, la somme de 900 à 1200 fr.

Depuis douze jusqu'à quinze ans , la somme de 12 à 15 cents francs ;

Depuis quinze jusqu'à vingt ans, la somme de 15 à 18 cents francs ;

Depuis vingt jusqu'à trente ans, la somme de deux millé francs;

Depuis trente jusqu'à quarante ans, la somme de dix-huit cents francs;

Depuis quarante jusqu'à cinquante ans, la somme de douze cents francs ;

Depuis cinquante jusqu'à soixante, la somme de neuf cents francs ;

Depuis soixante jusqu'à soixante-dix ans, la somme de cinq cents francs;

Enfin, de soixante-dix ans et plus, la somme de deux cents francs.

Art. IX.

Sera nommé chevalier de la légion d'honneur, quiconque aura acheté la liberté, savoir de trois esclaves âgés de six à neuf ans; ou de deux de 9 à 15 ans; ou un de 15 à 40; ou deux de 40 à 50; ou trois de 50 à 60; ou cinq de 60 à 70; ou enfin dix âgés de plus de 70 ans.

Art. X.

Au moment où l'esclavage sera définitivement aboli dans les colonies françaises, il sera

accordé à tous propriétaires d'esclaves, une
indemnité ainsi qu'il est spécifié en l'art. VIII,
pour chacun des esclaves qui se trouveront en
leur possession, et qui ne seront atteints d'au-
cune infirmité, autres que de la vielle ; les
autres seront estimés, et le prix en sera rem-
boursé aux propriétaires, suivant leur valeur
reconnue.

Art. XI.

Il sera établi un droit supplémentaire d'un
décime par franc, sur le droit principal actuel-
lement en vigueur, à l'entrée du territoire français, sur toutes les productions et denrées colo-
niales, pour former un fond destiné à indem-
niser les propriétaires d'esclaves, au moment
de l'abolition de l'esclavage.

Art. XII.

Ces droits supplémentaires seront doubles
pour les marchandises provenant des colonies
étrangères.

Art. XIII.

Néanmoins, ces droits seront réduits à un
décime en sus du droit principal, comme en

l'art. XI, pour les productious et denrées provenant des colonies des nations qui auront aboli l'esclavage *définitivement et généralement.*

Art. XIV.

Outre ces droits, il sera formé une souscription nationale et volontaire, dont le produit sera employé à racheter des esclaves dans nos colonies, et à la construction d'un monument d'utilité publique, qui sera elevé en mémoire de l'abolition de l'esclavage, à l'extrémité occidentale des côtes du département du Finistère. Ce monument servira d'avertissement, pendant la nuit, aux vaisseaux de toutes les nations, deséceuils et des dangers que l'on rencontre dans ces parages.

Art. XV.

Ce momunent sera surmonté d'une lumière forte et permanente ; il prendra le nom de *phare de la liberté.*

Art. XVI.

On frappera une médaille où sera representée d'un côté, la figure de S. M. Louis XVIII, et

de l'autre cette inscription : *Le peuple fran-*
çais a frappé cette médaille pour apprendre
à la postérité que Louis-Stanislas-Xavier,
roi des Français, a souscrit pour une somme
de . . . . *sur sa*
liste civile, en faveur de la liberté des noirs.

Art. XVII.

Tout individu, quelle que soit sa couleur,
issu d'esclaves, et né dans les colonies françaises,
depuis le jour de la promulgation de la loi qui
abolie la traite, est reconnu et proclamé libre ;
les prétentions sont déclarées infâmes et bar-
baress que quiconque pourrait élever contre
leur liberté.

Art. XVIII.

Toute contravention aux dispositions de la
présente loi sera punie des peines énoncées aux
art. 341 et 342, du Code pénal, suivant la
gravité du cas.

Telles sont, Messieurs les députés, les mesures que je crois devoir soumettre à la sagesse de vos discussions eu faveur de cette intéressante portion du genre humain, qui, au mépris des lois divines et des lumières du siècle, gémit encore dans l'esclavage.

Si je propose, dans les art. IV et IX du projet, de donner la croix de la légion d'honneur pour récompense, à ceux qui auront trouvé les moyens de remplacer avantageusement l'esclavage dans nos colonies, ou qui auront procuré la liberté à des esclaves, c'est que l'action la plus honorable, la plus belle et la plus méritoire est de servir l'humanité.

Je vous conjure de fixer toute votre attention sur l'art. XVII du projet, et de peser mûrement toutes les conséquences qu'il entraîne.

La traite est abolie : c'etait un moyen qui alimentait l'eslavage. Il en reste encore un puissant ; c'est la propagation des esclaves. Si vous ne déclarez libres tous les individus désignés à l'art. XVII, l'esclavage sera sans fin, et la loi qui abolit la traite, n'ira à la postérité, que comme un monuement éternel de l'imprévoyance ou de l'opprobre du ministère qui l'a enfantée.

Le peuple français réprouve tout ce qui n'est pas grand et généreux comme lui.

Veuillez, Messieurs les députés, agréer les hommages respectueux de votre concitoyen,

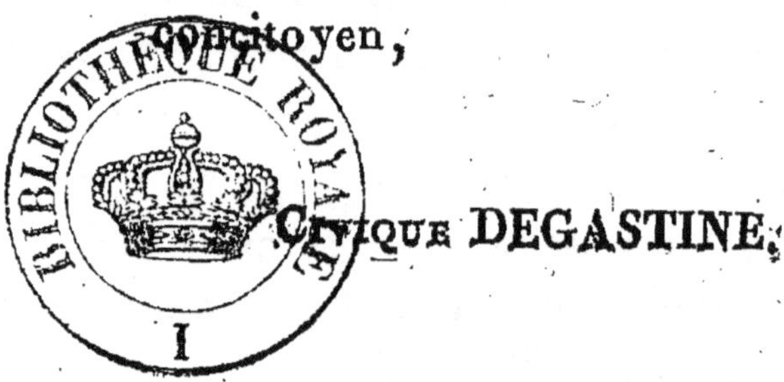

Civique DEGASTINE.

www.ingramcontent.com/pod-product-compliance
Lightning Source LLC
Chambersburg PA
CBHW061153050726
47594CB00008B/3388